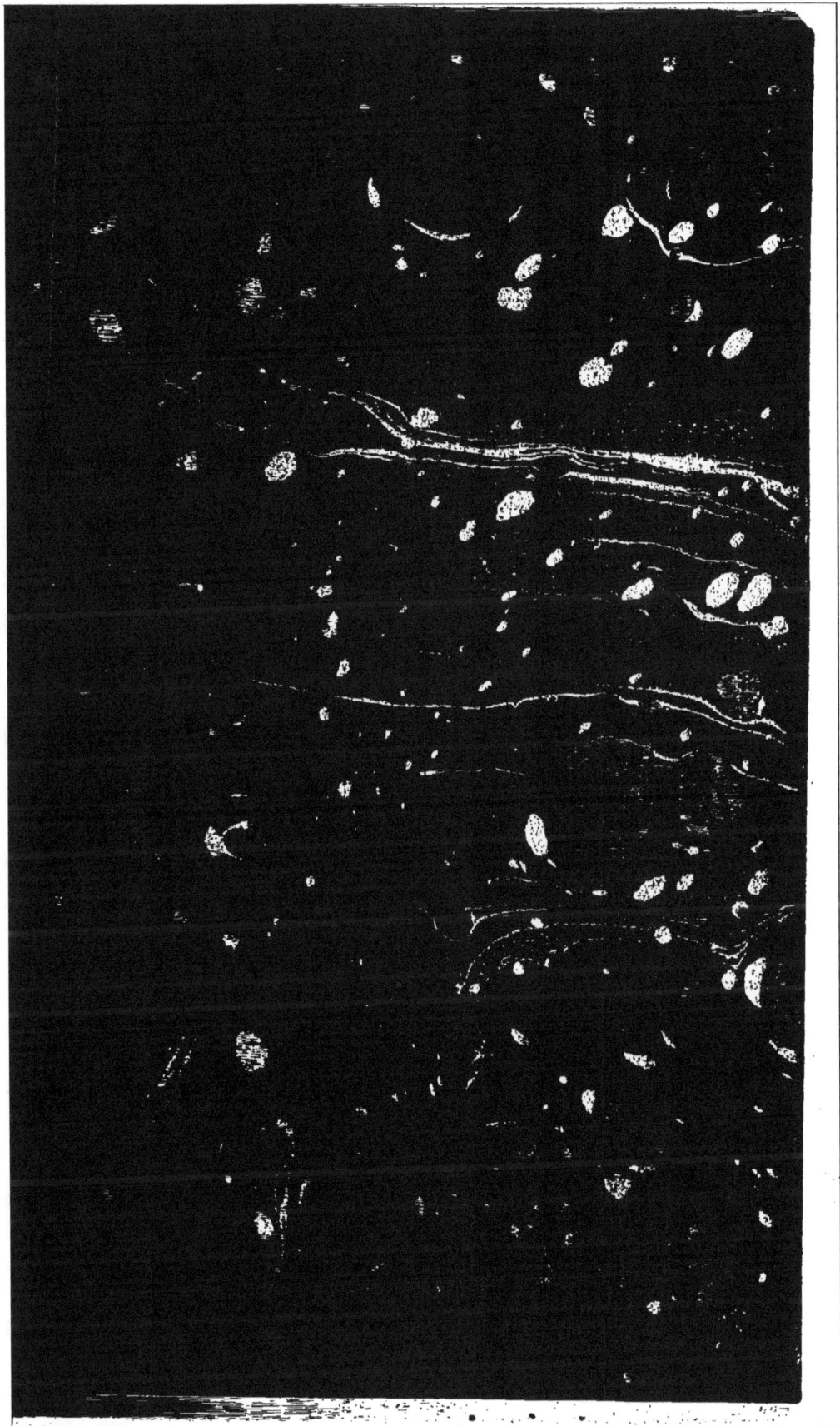

INDICATION

DES CHANGEMENS FAITS

AU CODE CIVIL.

J'affirme, sous ma responsabilité, que ces *Indications* ont été prises très-exactement, sur un Exemplaire OFFICIEL du CODE NAPOLEON, imprimé à l'Imprimerie impériale.

Paris, ce 7 Septembre 1807.

FR. BUISSON.

ON TROUVE CHEZ LE MEME LIBRAIRE.

CODE NAPOLEON, Edition faite, avec un soin extrême, SUR CELLE OFFICIELLE, et contenant tous les Changemens, Additions et Suppressions faits à ce Code, par Décret du 3 Septembre 1807; avec le Tableau des *Distances*, les Lois *Transitoires* sur les Adoptions, les Divorces, et les Enfans Naturels; terminé par une Table Alphabétique raisonnée des Matières contenues dans le CODE NAPOLÉON. Un volume in-8º de 450 pages, imprimé sur caractère neuf de Philosophie, et sur papier carré fin. *Prix*, 3 fr. 50 cent. broché, pris à Paris; et 5 fr. pour recevoir ce Volume par la Poste, *franc de Port*, dans tout l'Empire Français. On affranchit l'*Argent et la Lettre d'avis*.

Malgré la modicité du prix de ce Volume, dont l'impression est soignée, et qui est de 450 pages, néanmoins on accorde le 13ᵉ exemplaire *gratis* aux Personnes qui font l'acquisition de 12 exemplaires.

On se rappelle la précipitation avec laquelle quelques Éditeurs firent imprimer, dès l'origine, le *Code Civil* sur des Éditions *non officielles*. Ces Editions contenoient une multitude d'erreurs très-essentielles; le Public fut trompé, et les Libraires se trompèrent eux-mêmes. Ils furent forcés de détruire ces Éditions fautives, et d'y perdre considérablement. Nous avons profité de ces exemples en mettant une sage lenteur, et beaucoup de soins dans l'impression de notre Édition, qui a été *revisée et corrigée* avec un soin extrême sur l'Édition Officielle, et nous nous sommes mis par-là à l'abri de toutes pertes, et des reproches du Public.

CODE DE COMMERCE, Edition qui sera *exacte* et conforme à celle officielle; avec une Table alphabétique des Matières comprises dans ce Code. Un Volume *in-8*º imprimé sur caractère de cicéro. *Prix*, 3 fr. broché, pris à Paris; et 3 fr. 75 cent. *franc de port par la Poste* dans tout l'Empire français. Il est nécessaire d'affranchir l'*Argent et la Lettre d'avis*.

On imprime aussi une Edition portative, du format in-12. Prix, 2 fr. 50 cent. *broché*, pris à Paris; et 3 fr. 25 cent. franc de port par la Poste *dans tout l'Empire français.*

INDICATION

DES CHANGEMENS FAITS

AU CODE CIVIL,

Dans la nouvelle Rédaction décrétée par le Corps
Législatif le 3 Septembre 1807, sous le titre
de CODE NAPOLÉON.

Précédée du Discours prononcé au Corps Législatif
par M. CHABOT (de l'Allier), Orateur de la Section de Législation du Tribunat.

(Au moyen de cette Indication, chacun pourra faire
aisément, sur son Exemplaire du *Code civil*, les Changemens qui ont été décrétés.)

A PARIS,

Chez BUISSON, Libraire, rue Gît-le-Cœur, n° 10.

7 SEPTEMBRE 1807.

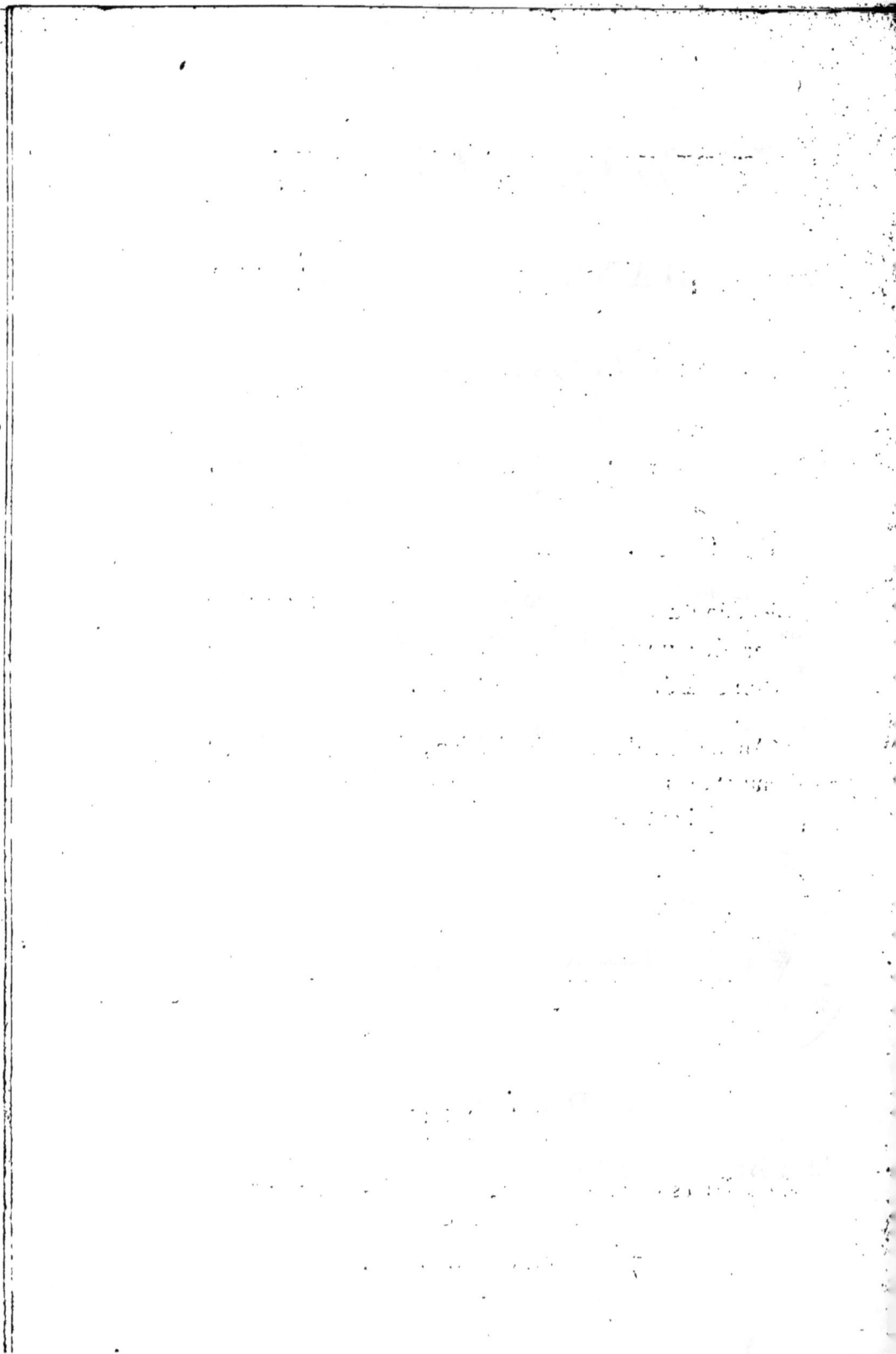

AVERTISSEMENT

DE L'ÉDITEUR.

Ce qui nous a déterminé à publier ces *Indications*, c'est qu'un très-grand nombre de Personnes qui ont acheté le *Code Civil*, ont transcrit, en marge de leur Exemplaire, des Notes qu'il leur seroit aussi désagréable qu'incommode de ne plus retrouver sur l'Exemplaire qui leur sert habituellement, ou bien ces Personnes seroient forcées de transcrire de nouveau ces Notes sur le *Code Napoléon*. Pour leur éviter ce double désagrément, et pour leur épargner, en outre, l'acquisition d'un Exemplaire de ce dernier Code, nous publions une *Indication très - exacte*, prise sur la *Nouvelle Edition Officielle*, de tous les Changemens et Additions que contient la Nouvelle Rédaction du Code. Par ce moyen , chacun pourra faire aisément lui-même sur son Exemplaire du Code Civil , les rectifications qui viennent d'être décrétées par le Corps Législatif, dans sa Séance du 3 Septembre 1807.

J'affirme , sous ma responsabilité , que ces *Indications* sont prises sur un Exemplaire *Officiel* du *Code Napoléon*, et qu'elles sont *de la plus grande exactitude.*

« La Nouvelle Rédaction du Code
» Civil, a dit l'Orateur du Tribunat au
» Corps Législatif, n'est pas une Révi-
» sion du Code. Les changemens qu'elle
» présente , n'introduisent aucun prin-
» cipe, aucune disposition, qui ne soient
» pas déjà consacrés : ils n'ont tous
» pour objet que de coordonner le corps
» de nos Lois Civiles avec les Actes des
» Constitutions qui sont intervenus de-
» puis sa promulgation. »

Mais il est nécessaire de connoître ces Changemens, dont quelques-uns sont importans.

Nous allons en donner d'abord une idée générale, et nous les indiquerons ensuite *par détail*, de manière que chacun puisse faire lui-même, sur son Exemplaire du Code Civil, les Rectifications qui ont été décrétées.

1°. Les Dates du Calendrier *Grégorien* sont substituées, dans le *Code Napoléon*, aux Dates du Calendrier qui avoit été établi en 1793, et qui n'a été supprimé qu'après la promulgation du Code Civil : les correspondances sont exactement observées.

Il en résulte que l'Article 2262, où il n'étoit question que des Jours *Complémentaires*, se trouve supprimé ; mais, pour ne rien changer au numérotage des Articles, le 2261ᵉ est divisé en deux : chacun de ses Paragraphes forme un Article séparé dans le *Code Napoléon.*

2°. Le Code Civil ayant été fait et promulgué sous le Gouvernement Consulaire, contient beaucoup de dénominations propres à ce Gouvernement et aux Institutions qui existoient alors : on y a substitué, dans le *Code Napoléon,* les Dénominations qui conviennent au Gouvernement Impérial et aux Nouvelles Institutions établies.

Ainsi, par exemple, les Dénominations *Empereur, Empire, Etat,* y sont substituées à celles de *Premier Consul, Gouvernement, République, Nation.*

3°. Le numéro 3 de l'Article 17 du Code Civil est supprimé, parce que la matière est dans le domaine de la Loi

Politique, et ne doit pas se trouver dans la Loi Civile.

4°. Le Paragraphe premier de l'Article 427, concernant les Personnes qui sont dispensées de la tutelle, est remplacé par une disposition qui désigne, conformément à l'Acte des Constitutions du 28 Floréal an 12, les Membres des Autorités auxquels doit être appliqué le principe.

5°. Enfin à l'Article 896, qui, en prohibant les Substitutions, n'avoit admis qu'une seule exception développée dans les Articles 1048 et 1049, on ajoute, dans le *Code Napoléon*, une nouvelle exception qui a été établie par l'Acte Impérial du 30 Mars 1806, et par le Sénatus-Consulte du 14 Août suivant.

Tels sont, en effet, les seuls changemens que contient la nouvelle Rédaction du Code ; mais ils portent sur plus de *cent* Articles , et il faut conséquemment les connoître *en détail*; il faut en faire l'application précise et textuelle à chacun des Articles sur lesquels ils sont opérés.

DISCOURS

Sur le Projet de Loi concernant le
CODE NAPOLEON,

Par M. Chabot (de l'Allier), Orateur de la Section
de Législation du Tribunat.

Séance du 3 Septembre 1807.

MESSIEURS,

Une nouvelle Rédaction du Code Civil est
soumise à votre sanction.

Ce n'est pas une révision du Code.

Les changemens qu'elle présente, n'introduisent aucun principe, aucune disposition, qui
ne soient pas déjà consacrés.

Ils n'ont tous pour objet que de coordonner
le corps de nos Lois Civiles avec les Actes des
Constitutions qui sont intervenus depuis sa promulgation.

Le Code Civil, a dit l'Orateur du Gouvernement, est un Ouvrage terminé : c'est une espèce
d'arche sainte pour laquelle **nous donnerons**
aux Peuples voisins l'exemple d'un respect
religieux.

Et en effet, Messieurs, ce Code dont les bienfaits se feront sentir chaque jour davantage, seroit frappé de mort à la seule idée d'une Révision. Bientôt les opinions diverses se heurteroient encore : on remettroit en débat toutes les parties de la Législation, et le Monument attaqué jusque dans ses fondemens, annonceroit une chute prochaine.

Un Code est déjà sans force et sans pouvoir, dès le moment où il ne porte plus avec lui le caractère de la perpétuité.

Le nôtre pourra s'améliorer, sans doute, dans le cours des temps ; mais ce ne doit être que progressivement et à mesure qu'une longue expérience aura signalé des lacunes ou des vices.

Ce qui produit l'ordre, la discipline et les habitudes qui gouvernent encore, quand les Lois vieillissent, c'est sur-tout la constance du Législateur.

Si Solon eût voulu se livrer à de vaines idées de perfectionnement, pour satisfaire les caprices des Athéniens, il n'eût pu parvenir à les tirer de l'anarchie, et Lycurgue, qui constitua leurs voisins et leurs rivaux, sentit tellement la nécessité de préserver ses Lois de toute altération, qu'il emporta en exil avec lui, le pouvoir d'y toucher.

Le Législateur de la France, qui a si habilement opéré la fusion d'une foule d'intérêts divers et de régimes différens, ne donnera pas le signal de changemens brusques et prématurés, au milieu d'un Grand Peuple dont les Provinces nombreuses sont à peine, depuis quelques années, réunies sous l'Empire d'une Loi commune.

Mais vous savez, Messieurs, dans quelles circonstances NAPOLEON prit les rênes du Gouvernement : vous savez qu'il ne fut pas possible alors d'en jeter les bases d'une manière tellement positive, que rien à l'avenir ne dût les déranger.

Si l'on excepte quelques Etats bornés, l'Histoire prouve que les Nations se constituent lentement, selon la nature des crises, des passions et des besoins qu'elles éprouvent.

Après avoir fait un trop malheureux essai d'une forme de Gouvernement dont les théories purent séduire un instant, mais qui ne produisit parmi nous qu'agitations, troubles et discorde, après y avoir substitué une organisation plus simple et plus vigoureuse, mais qui ne donnoit pas assez de garantie pour l'avenir, et qui ne dut être considérée par les bons esprits que comme un passage à un ordre meilleur, la France reconnut enfin qu'elle ne pouvoit se promettre ni repos ni prospérité, si elle ne retournoit incessamment à la Monarchie, et sa marche rapide et brillante, depuis cette époque, prouveroit assez, s'il en étoit besoin, qu'elle eut grande raison d'y revenir.

Il s'agit donc de savoir aujourd'hui si quelques dispositions de son Code qui durent être empreintes des principes et des formes de la Démocratie, seront modifiées de manière à se trouver en harmonie avec les principes et les formes de nos nouvelles Institutions Politiques et du Gouvernement qui est définitivement constitué.

La Loi Politique doit gouverner la Loi Civile; ce n'est pas un doute pour vous, MESSIEURS. Réduire des Articles de la Loi Civile d'après l'esprit des Constitutions, ce n'est donc pas renverser, c'est ordonner, c'est achever de construire.

Tel est, je le répète, l'unique objet des Changemens qui vous sont proposés.

Mais, avant de les examiner en détail, je dois fixer votre attention sur le nouveau titre que va recevoir le Code Civil. Il s'appellera CODE NAPOLEON, et déjà, depuis long-temps, ce titre lui avoit été spontanément déféré par une espèce d'acclamation unanime.

La compilation des Lois Romaines faite sous

m Prince qui pensoit par ses Ministres, qui combattoit par ses Généraux, et qui n'eut aucune part à l'Ouvrage qu'il avoit commandé, n'auroit pas dû porter son nom. Toutefois c'est le recueil qui a sauvé Justinien de l'oubli.

Il en est bien autrement parmi nous, MESSIEURS.

C'est l'EMPEREUR lui-même qui a posé, de ses mains triomphantes, les bases de nos Lois Civiles. On l'a vu constamment assister à la discussion dans ses conseils, l'éclairer et la diriger tout à la fois par la profondeur des idées et par la force du raisonnement, y développer, à chaque instant, des connoissances qui ont étonné les Jurisconsultes les plus consommés, et fixer tous les grands principes par les vastes conceptions d'un génie créateur à qui rien ne semble étranger.

Notre Code est donc vraiment le CODE NAPOLÉON.

Ce titre suffiroit d'ailleurs, MESSIEURS, pour l'immortaliser. Il fera sa fortune auprès de nos descendans, et les générations les plus éloignées de l'epoque où fut érigé ce monument de nos Lois, pénétrées de la plus vive admiration pour son Auteur, ne contempleront l'Ouvrage qu'avec respect.

Presque toutes les Institutions tirent leur

éclat, de la gloire et de la célébrité des Hommes qui les ont établies.

Croit-on que le corps du Droit Romain eût obtenu dans la postérité une si haute réputation, s'il ne fût sorti d'un Peuple colossal, s'il n'eût rappelé la Patrie d'une foule d'Hommes extra-ordinaires ?

Un grand nom, voici la meilleure sauve-garde des Lois, et le plus sûr véhicule de leur auto-rité : c'est là sur-tout la puissance qui leur attire l'obéissance des Contemporains et la vénération des races futures.

Ainsi, quand notre Chef auguste n'eût pas animé lui-même ses conseils dans la confection du Code Civil, nous devrions le prier encore d'y attacher son nom, pour lui imprimer le sceau de sa grandeur, pour lui assurer les suf-frages des Nations.

Et déjà ce Code n'est plus seulement le Code Civil des Français : il est devenu la Loi com-mune de divers Peuples au-delà des Alpes, au-delà du Rhin, et il a été reçu parmi eux, non comme une Loi du Conquérant, mais comme un bienfait du Pacificateur.

N'en doutez pas, MESSIEURS, il étendra plus loin encore son empire : bien supérieur au Code de Justinien, il doit aussi en surpasser la fortune et les succès.

Puisse-t-il, régissant bientôt l'Europe entière, établir de nouveaux rapprochemens entre les Peuples du Continent, les unir sous les rapports civils, comme ils le sont déjà sous les rapports politiques, et n'en faire, pour ainsi dire, qu'une seule et même famille vivant en paix sous les mêmes lois!

Il faut donc qu'il se présente avec un nom imposant et majestueux qui commande par-tout la confiance.

Eh! quel autre nom plus grand, plus digne de ses destinées, pouvoit-il recevoir, que celui de NAPOLÉON? En fut-il jamais qui fût environné d'autant de gloire et de puissance!....

Peut-être, MESSIEURS, ai-je trop long-temps insisté sur une proposition qui n'avoit besoin ni de preuves ni d'appui; mais en exprimant mes sentimens, j'étois sûr d'exprimer aussi les vôtres, et vos cœurs, d'accord avec le mien, auront aisément suppléé à la foiblesse de mes paroles.

J'exposerai maintenant, d'une manière rapide, les changemens que présente la nouvelle rédaction du Code.

En 1793, un nouveau Calendrier fut substitué, en France, au Calendrier Grégorien; mais, comme il ne fut admis par aucun autre peuple, il rompoit, ou rendoit au moins très-difficiles, les relations d'affaires publiques et privées entre

la France et les autres Etats ; il a donc fallu le supprimer, et le Calendrier Grégorien a été rétabli, mais seulement après la promulgation du Code Civil.

Ses dates sont substituées, dans le CODE NAPO-LÉON, aux dates du Calendrier supprimé, en observant exactement les correspondances.

Ce changement étoit absolument nécessaire et pour les Français, qui bientôt ne connoîtront plus le Calendrier qui n'a existé que pendant quelques années, et pour les autres Peuples qui refusèrent constamment de le suivre.

Les dénominations *Empereur, Empire, Etat,* sont également substituées, dans le CODE NAPO-LÉON, à celles de *Premier Consul, Gouvernement, République, Nation,* qui se trouvoient dans le Code Civil.

Le Tribunal de Cassation, les Tribunaux d'Appel y sont nommés *Cour de Cassation, Cour d'Appel;* les Tribunaux criminels, *Cours de Justice Criminelle;* leurs jugemens, *Arrêts.*

Le titre de Commissaire du Gouvernement près le Tribunal d'Appel, ou de Commissaire du Gouvernement près le Tribunal de première Instance, est remplacé par celui de *Procureur-Général Impérial en la Cour d'Appel,* ou de *Procureur Impérial au Tribunal de Première Instance.*

Le titre de Commissaire des Relations Commerciales est remplacé par celui de *Consul*, et
l'expression de Commissariat des mêmes relations, par celle de *Consulat.*

Les armées de la République, les vaisseaux
ou bâtimens de l'Etat, y sont nommés *les armées
de l'Empereur*, *les vaisseaux ou bâtimens
de l'Empereur*.

Il seroit inutile, Messieurs, de chercher à
justifier ces changemens de dénominations; les
motifs en sont trop évidens.

Suivant l'Art. 17 du Code, la perte des Droits
Civils étoit encourue par l'affiliation à toute corporation étrangère exigeant des distinctions de
naissance; mais il est hors de doute que les affi-
liations aux corporations étrangères sont dans le
domaine de la loi politique, qu'elles entrent né-
cessairement dans les rapports d'une puissance
à l'autre, et qu'elles doivent être réglées conformément aux principes et aux usages des gou-
vernemens qui stipulent des traités; elles n'ap-
partiennent donc pas à la loi Civile, qui ne règle
que les droits et les devoirs des Citoyens entre
eux, et c'est avec raison que cette matière
n'est pas reproduite dans le Code Napoléon.

L'Article 427 avoit dispensé de la charge des
tutelles les Membres des Autorités établies par
les articles 2, 3 et 4 de l'Acte Constitutionne-

de l'an 8; mais depuis la promulgation du Code, l'organisation de ces Autorités a reçu des modifications, et d'autres fonctions du même ordre, ou d'un ordre supérieur, ont été créées : la même nomenclature ne pouvoit donc plus subsister, et pour maintenir le principe de l'Article 427, il a fallu indiquer, suivant les dénominations actuelles, toutes les personnes auxquelles il doit s'appliquer.

Enfin, MESSIEURS, la disposition de l'Article 896 subit une modification qui doit avoir les résultats les plus importans.

Cet Article, en prohibant les substitutions, n'avoit admis qu'une seule exception qui est développée dans les Articles 1048 et 1049; mais une autre exception a été établie, depuis l'émission du Code, par un Acte impérial du 30 Mars 1806, et par un Sénatus-Consulte du 14 Août suivant, et il a paru nécessaire de l'insérer dans le CODE NAPOLÉON.

Ce n'est donc pas une disposition nouvelle qui est proposée, puisqu'elle est déjà revêtue du sceau de l'autorité souveraine. Il ne s'agit que de réunir les deux exceptions à la suite de la règle générale, pour qu'il n'y ait pas d'erreur, et que la disposition de l'Article 896 se trouve complète.

Il me sera permis cependant, MESSIEURS, de

vous faire observer que les Substitutions ne sont pas rétablies telles qu'elles existoient autrefois, et que les abus qui en sollicitèrent la proscription, ne peuvent plus se reproduire aujourd'hui.

Les Substitutions étoient libres; chacun avoit le droit d'en faire, au gré de ses affections ou de ses caprices, et il en résultoit une foule d'injustices et de débats dans les familles; et leur trop grand nombre mettant hors de la circulation une énorme quantité de biens, nuisoit beaucoup à l'Agriculture et au Commerce.

Désormais les Substitutions ne pourront avoir lieu qu'avec l'autorisation expresse de l'Empereur, et elles ne seront autorisées, aux termes du Sénatus-Consulte, que « *Lorsque S. M. le* » *jugera convenable, soit pour récompenser* » *de grands services, soit pour exciter une* » *utile émulation, soit pour concourir à l'é-* » *clat du trône.* ».

Des considérations d'une si haute importance ne pouvoient être soumises au principe établi pour les cas ordinaires, et loin d'avoir à craindre aujourd'hui que les Substitutions ne deviennent trop fréquentes, on aura bien plutôt à desirer que les circonstances se multiplient où elles pourront être justement autorisées, puisqu'elles auront toutes pour objet ou la récompense de

grands services rendus à la Patrie, ou les intérêts de l'État.

Déjà, Messieurs, l'Empereur en ouvrant
votre Session, a daigné vous annoncer les pro-
jets dont il s'occupe pour accomplir de si grands
desseins, et vous vous êtes empressés de porter
au pied du trône une Adresse unanime de re-
merciemens.

Vous concourrez aux vues de S. M., en sanc-
tionnant par vos suffrages un projet qui coor-
donne les principes de notre Droit Civil et ceux
de nos Constitutions, qui lie au système de nos
rapports politiques des règles qui durent être,
il y a quelques années, combinées sur un plan
moins étendu.

Ainsi vous aurez mis la dernière main au
Code, et vous pourrez le présenter avec confiance, avec orgueil, aux Peuples contemporains et à la Postérité, lorsque vous aurez décoré
son frontispice du nom de cet Homme extraor-
dinaire dont le Monde admire la patience dans
les camps, la force dans les batailles, la mag-
nanimité dans la victoire, la grandeur et la gé-
nérosité dans la politique, l'éclat et la gloire à
la tête du Gouvernement, et, dans toutes ses
conceptions, le génie le plus étonnant qu'aient
produit les siècles anciens et modernes.

INDICATION

DES CHANGEMENS FAITS

AU CODE CIVIL.

TITRE DU CODE.

L<small>E</small> Code s'appellera désormais C<small>ODE</small> N<small>APOLÉON</small>, et déjà, depuis long-temps, ce titre lui avoit été spontanément déféré chez l'Étranger, comme en France.

TITRE PRÉLIMINAIRE.

Aux mots, décrété le 14 ventôse an 11, et promulgué le 24 du même mois, *substituez*, décrété le 5 mars 1803; promulgué le 15 du même mois.

ART. 1er.

Premier alinéa, aux mots, par le Premier Consul, *substituez*, par l'E<small>MPEREUR</small>.

Deuxième alinéa, aux mots, de la République, *substituez*, de l'Empire.

Troisième alinéa, aux mots, par le Premier Consul, *substituez,* par l'Empereur.

Aux mots, dans le département où siégera le Gouvernement, *substituez,* dans le département de la résidence Impériale.

LIVRE Ier.

TITRE Ier.

Aux mots, décrété le 17 ventôse an 11, promulgué le 27 du même mois, *substituez,* décrété le 8 mars 1803; promulgué le 18 du même mois.

ART. 13.

Aux mots, par le Gouvernement, *substituez,* par l'Empereur.

ART. 17.

Supprimez entièrement le troisième numéro, ainsi conçu : 3°. par l'affiliation à toute corporation étrangère exigeant des distinctions de naissance.

ART. 18.

Aux mots, du Gouvernement, *substituez,* de l'Empereur.

ART. 19.

Aux mots, du Gouvernement, *substituez*, de l'EMPEREUR.

ART. 21.

Aux mots, du Gouvernement, *substituez*, de l'EMPEREUR.

ART. 33.

Premier alinéa, *aux mots*, à la Nation, *substituez*, à l'Etat.

Deuxième alinéa, *aux mots*, le Gouvernement en pourra faire, *substituez*, il est loisible à l'EMPEREUR de faire.

TITRE II.

Aux mots, décrété le 20 ventôse an 11, promulgué le 30 du même mois, *substituez*, décrété le 11 mars 1803; promulgué le 21 du même mois.

ART. 48.

Aux mots, par les Commissaires des relations commerciales de la République, *substituez*, par les Consuls.

ART. 49.

Aux mots, Commissaire du Gouvernement

près ledit Tribunal, *substituez*, Procureur impérial audit Tribunal.

ART. 53.

Aux mots, le Commissaire du Gouvernement près le, *substituez*, le Procureur impérial au.

ART. 59.

Aux mots, sur les bâtimens de l'Etat, *substituez*, sur les bâtimens de l'EMPEREUR.

ART. 60.

Premier alinéa, *aux mots*, Commissaire des relations commerciales, *substituez*, Consul.

Deuxième alinéa, *aux mots*, du commissariat, *substituez*, du consulat.

ART. 86.

Aux mots, sur les bâtimens de l'Etat, *substituez*, sur les bâtimens de l'EMPEREUR.

ART. 88.

Aux mots, de la République, *substituez*, de l'Empire.

ART. 90.

Aux mots, de la République, *substituez*, de l'Empire.

ART. 99.

Aux mots, Commissaire du Gouvernement, *substituez*, Procureur impérial.

TITRE III.

Aux mots, décrété le 23 ventôse an 11, promulgué le 3 germinal suivant, *substituez*, décrété le 14 mars 1803; promulgué le 24 du même mois.

TITRE IV.

Aux mots, décrété le 24 ventôse an 11, promulgué le 4 germinal suivant, *substituez*, décrété le 15 mars 1803; promulgué le 25 du même mois.

ART. 116.

Aux mots, Commissaire du Gouvernement, *substituez*, Procureur impérial.

ART. 118.

Aux mots, Commissaire du Gouvernement, *substituez*, Procureur impérial.

ART. 123.

Aux mots, Commissaire du Gouvernement, *substituez*, Procureur impérial.

ART. 126.

Premier alinéa, aux mots, du Commissaire du Gouvernement, *substituez*, du Procureur impérial.

Aux mots, par ledit Commissaire, *substituez*, par ledit Procureur impérial.

Troisième alinéa, aux mots, du Commissaire du Gouvernement, *substituez*, du Procureur impérial.

TITRE V.

Aux mots, décrété le 26 ventôse an 11, promulgué le 6 germinal suivant, *substituez*, décrété le 17 mars 1803; promulgué le 27 du même mois.

ART. 145.

A la disposition de cet article substituez la suivante : néanmoins il est loisible à l'EMPEREUR d'accorder des dispenses d'âge pour des motifs graves.

ART. 151.

A la fin de l'article, aux mots, décrétés le 21 ventôse an 12, promulgués le 1er germinal suivant, *substituez*, décrétés le 12 mars 1804; promulgués le 22 du même mois.

ART. 156.

Aux mots, du Commissaire du Gouvernement près le, *substituez*, du Procureur impérial au.

ART. 164.

Aux mots, néanmoins le Gouvernement pourra, pour des causes graves, lever, *substituez*, néanmoins il est loisible à l'EMPEREUR de lever, pour des causes graves.

ART. 169.

A la disposition de cet article substituez la suivante : il est loisible à l'EMPEREUR, ou aux Officiers qu'il préposera à cet effet, de dispenser, pour des causes graves, de la seconde publication.

ART. 171.

Aux mots, de la République, *substituez*, de l'Empire.

ART. 190.

Aux mots, Commissaire du Gouvernement, *substituez*, Procureur impérial.

ART. 192.

Aux mots, Commissaire du Gouvernement, *substituez*, Procureur impérial.

ART. 199.

Aux mots, Commissaire du Gouvernement, *substituez*, Procureur impérial.

ART. 200.

Aux mots, Commissaire du Gouvernement, *substituez*, Procureur impérial.

TITRE VI.

Aux mots, décrété le 30 ventôse an 11, promulgué le 10 germinal suivant, *substituez*, décrété le 21 mars 1803; promulgué le 31 du même mois.

ART. 235.

Aux mots, le jugement du Tribunal criminel, *substituez*, l'arrêt de la Cour de justice criminelle.

Aux mots, du jugement criminel, *substituez*, de l'arrêt.

ART. 239.

Aux mots, Commissaire du Gouvernement, *substituez*, Procureur impérial.

ART. 240.

Aux mots, Commissaire du Gouvernement, *substituez*, Procureur impérial.

A R T. 245.

Aux mots, Commissaire du Gouvernement, *substituez*, Procureur impérial.

A R T. 246.

Aux mots, Commissaire du Gouvernement, *substituez*, Procureur impérial.

A R T. 247.

Aux mots, Commissaire du Gouvernement, *substituez*, Procureur impérial.

A R T. 248.

Aux mots, Commissaire du Gouvernement, *substituez*, Procureur impérial.

A R T. 250.

Aux mots, Commissaire du Gouvernement, *substituez*, Procureur impérial.

A R T. 253.

Aux mots, Commissaire du Gouvernement, *substituez*, Procureur impérial.

A R T. 256.

Aux mots, Commissaire du Gouvernement, *substituez*, Procureur impérial.

ART. 257.

Aux mots, Commissaire du Gouvernement, *substituez*, Procureur impérial.

ART. 262.

Aux mots, par le Tribunal d'appel, *substituez*, par la Cour d'appel.

ART. 263.

Aux mots, au Tribunal de cassation, *substituez*, à la Cour de cassation.

ART. 265.

Aux mots, à l'égard des jugemens, *substituez*, à l'égard des arrêts.

ART. 267.

Aux mots, Commissaire du Gouvernement, *substituez*, Procureur impérial.

ART. 288.

Aux mots, Commissaire du Gouvernement, *substituez*, Procureur impérial.

ART. 289.

Aux mots, Commissaire du Gouvernement, *substituez*, Procureur impérial.

ART. 292.

Aux mots, Commissaire du Gouvernement près du, *substituez*, Procureur impérial au.

ART. 293.

Aux mots, le Commissaire du Gouvernement près le Tribunal de première instance fera passer au Commissaire du Gouvernement près du Tribunal d'appel, *substituez*, le Procureur impérial au Tribunal de première instance fera passer au Procureur-général impérial en la Cour d'appel.

Aux mots, le Commissaire près du Tribunal d'appel donnera, *substituez*, le Procureur-général impérial en la Cour d'appel donnera.

Aux mots, rapport au Tribunal d'appel, *substituez*, rapport à la Cour d'appel.

Aux mots, conclusions du Commissaire, *substituez*, conclusions du Procureur-général impérial.

ART. 294.

Au mot, jugement, *répété deux fois dans l'article, substituez à chaque fois*, arrêt.

ART. 302.

Aux mots, Commissaire du Gouvernement, *substituez*, Procureur impérial.

TITRE VII.

Aux mots , décrété le 2 germinal an 12, promulgué le 12 du même mois, *substituez* , décrété le 23 mars 1803 ; promulgué le 2 avril suivant.

ART. 331.

Au mot , également , *qui se trouve dans quelques exemplaires du Code Civil* , *substituez* , légalement.

TITRE VIII.

Aux mots , décrété le 2 germinal an 11, promulgué le 12 du même mois, *substituez*, décrété le 23 mars 1803 ; promulgué le 2 avril.

ART. 354.

Aux mots , Commissaire du Gouvernement près le , *substituez* , Procureur impérial au.

ART. 356.

Aux mots , Commissaire du Gouvernement, *substituez* , Procureur impérial.

ART. 358.

Aux mots , tout jugement du Tribunal d'appel , *substituez* , tout arrêt de la Cour d'appel.

ART. 366.

Aux mots, Commissaire du Gouvernement, *substituez*, Procureur impérial.

TITRE IX.

Aux mots, décrété le 3 germinal an 11, promulgué le 13 du même mois, *substituez*, décrété le 24 mars 1803; promulgué le 3 avril.

ART. 377.

Aux mots, Commissaire du Gouvernement, *substituez*, Procureur impérial.

ART. 382.

Aux mots, au Commissaire du Gouvernement près le Tribunal d'appel, *substituez*, au Procureur-général impérial en la Cour d'appel.

Aux mots, ce Commissaire se fera rendre compte par celui près le Tribunal de première instance, et en fera son rapport au Président du Tribunal d'appel, *substituez*, celui-ci se fera rendre compte par le Procureur impérial au Tribunal de première instance, et fera son rapport au Président de la Cour d'appel.

TITRE X.

Aux mots, décrété le 5 germinal an 11, pro-

mulgué le 15 du même mois, *substituez*, décrété le 26 mars 1803 ; promulgué le 5 avril.

ART. 427.

*Aux second, troisième et quatrième alinéas
de cet Article, commençant par ces mots*, les
membres, *et finissant par ceux-ci*, comptabilité
nationale, *substituez ce qui suit:*

Les personnes désignées dans les titres III, V,
VI, VIII, IX, X et XI de l'acte des constitutions
du 18 mai 1804 ;

Les Juges à la Cour de cassation, le Procureur-général impérial en la même Cour et ses
substituts ;

Les Commissaires de la comptabilité impériale.

ART. 428.

Aux mots, hors du territoire de la République, une mission du Gouvernement, *substituez*,
hors du territoire de l'Empire, une mission de
l'EMPEREUR.

ART. 429.

Aux mots, qu'après que le Gouvernement
se sera expliqué par la voie, *substituez*, qu'a-
près la représentation faite par le réclamant, du
certificat.

ART. 436.

Aux mots, dans les armées de la République, *substituez*, dans les armées de l'EMPEREUR.

ART. 458.

Aux mots, Commissaire du Gouvernement, *substituez*, Procureur impérial.

ART. 467.

Aux mots, Commissaire du Gouvernement près le, *substituez*, Procureur impérial au.

ART. 483.

Aux mots, Commissaire du Gouvernement, *substituez*, Procureur impérial.

TITRE XI.

Aux mots, décrété le 8 germinal an XI, promulgué le 18 du même mois, *substituez*, décrété le 29 mars 1803; promulgué le 8 avril.

ART. 491.

Aux mots, Commissaire du Gouvernement, *substituez*, Procureur impérial.

ART. 496.

Aux mots, Commissaire du Gouvernement, *substituez*, Procureur impérial.

ART. 500.

Aux mots, le Tribunal d'appel, *substituez*, la Cour d'appel.

ART. 501.

Aux mots, tout jugement, *substituez*, tout arrêt ou jugement.

ART. 511.

Aux mots, Commissaire du Gouvernement, *substituez*, Procureur impérial.

ART. 515.

Aux mots, du Commissaire du Gouvernement, *substituez* du Ministère public.

LIVRE II.

TITRE Ier,

Aux mots, décrété le 4 pluviôse an 12, promulgué le 14 du même mois, *substituez*, décrété le 25 janvier 1804; promulgué le 4 février.

ART. 541.

Aux mots, à la Nation, *substituez*, à l'Etat.

Aux mots, contre elle, *substituez*, contre lui.

TITRE II.

Aux mots, décrété le 6 pluviôse an 12, promulgué le 16 du même mois, *substituez*, décrété le 27 janvier 1804; promulgué le 6 février.

ART. 560.

Aux mots, à la Nation, *substituez*, à l'Etat.

TITRE III.

Aux mots, décrété le 9 pluviôse an 12, promulgué le 19 du même mois, *substituez*, décrété le 30 janvier 1804; promulgué le 9 février.

ART. 598.

Aux mots, du Gouvernement, *substituez*, de l'EMPEREUR.

TITRE IV.

Aux mots, décrété le 10 pluviôse an 12, promulgué le 20 du mois, *substituez*, décrété le 31 janvier 1804; promulgué le 10 février.

LIVRE III.

Dispositions générales.

Aux mots, décrétées, avec le titre suivant, le 29 germinal an 11, et promulguées le 9 floréal suivant, *substituez*, décrétées le 19 avril 1803; promulguées le 29 du même mois.

A R T. 713.

Aux mots, à la Nation, *substituez*, à l'Etat.

TITRE Ier.

Aux mots, décrété le 29 germinal an 11, promulgué le 9 floréal suivant, *substituez*, décrété le 19 avril 1803; promulgué le 29 du même mois.

A R T. 723.

Aux mots, à la République, *substituez*, à l'Etat.

A R T. 724.

Aux mots, la République, *substituez*, l'Etat.

A R T. 726.

Aux mots, de la République, *substituez*, de l'Empire.

SECTION II.

Entre les articles 766 et 767, à ces mots du titre de la section, et de la République, *substituez*, et de l'Etat.

A R T. 768.

Aux mots, la République, *substituez*, l'Etat.

A R T. 770.

Aux mots, Commissaire du **Gouvernement**, *substituez*, Procureur impérial.

A R T. 812.

Aux mots, Commissaire du Gouvernement, *substituez*, Procureur impérial.

A R T. 813.

Aux mots, Régie nationale, *substituez*, Régie impériale.

A R T. 819.

Aux mots, Commissaire du Gouvernement près le, *substituez*, Procureur impérial au.

TITRE II.

Aux mots, décrété le 13 floréal an 11, promulgué le 23 du même mois, *substituez*, décrété le 3 mai 1803; promulgué le 13 du même mois.

A R T. 896.

A la disposition de cet article, ajoutez ce qui suit : Néanmoins les biens libres formant la dotation d'un titre héréditaire que l'EMPEREUR auroit érigé en faveur d'un prince ou d'un chef de famille, pourront être transmis héréditairement, ainsi qu'il est réglé par l'acte impérial du 30 mars 1806, et par le sénatus-consulte du 14 août suivant.

ART. 897.

Aux mots, sont exceptées de l'article précédent, *substituez*, sont exceptées des deux premiers paragraphes de l'article précédent.

ART. 910.

Aux mots, arrêté du Gouvernement, *substituez*, décret impérial.

ART. 980.

Au mot, républicoles, *substituez*, sujets de l'EMPEREUR.

ART. 983.

Aux mots, de la République, *substituez*, français.

ART. 988.

Aux mots, de l'Etat, *substituez*, de l'EMPEREUR.

ART. 989.

Aux mots, de l'Etat, *substituez*, de l'EMPEREUR.

ART. 991.

Aux mots, un Commissaire des relations

commerciales de France, *substituez*, un Consul
de France.

Aux mots, de ce Commissaire, *substituez*,
de ce Consul.

ART. 993.

Aux mots, d'un Commissaire des relations
commerciales, *substituez*, d'un Consul.

ART. 1057.

Aux mots, Commissaire du Gouvernement
près le, *substituez*, Procureur impérial au.

TITRE III.

Aux mots, décrété le 17 pluviôse an 12,
promulgué le 27 du même mois, *substituez*,
décrété le 7 février 1084; promulgué le 17 du
même mois.

TITRE IV.

Aux mots, décrété le 19 pluviôse an 12,
promulgué le 29 du même mois, *substituez*
décrété le 9 février 1804; promulgué le 19 du
même mois.

TITRE V.

Aux mots, décrété le 20 pluviôse an 12,
promulgué le 30 du même mois, *substituez*;

décrété le 10 février 1804; promulgué le 20 du même mois.

TITRE VI.

Aux mots, décrété le 15 ventôse an 12, promulgué le 25 du même mois, *substituez*, décrété le 6 mars 1804; promulgué le 16 du même mois.

ART. 1597.

Aux mots, les Commissaires du Gouvernement, *substituez*, les Magistrats remplissant le ministère public.

TITRE VII.

Aux mots, décrété le 16 ventôse an 12, promulgué le 26 du même mois, *substituez*, décrété le 7 mars 1804; promulgué le 17 du même mois.

TITRE VIII.

Aux mots, décrété le 16 ventôse an 12, promulgué le 26 du même mois, *substituez*, décrété le 7 mars 1804; promulgué le 17 du même mois.

TITRE IX.

Aux mots, décrété le 17 ventôse an 12, promulgué le 27 du même mois, *substituez*, décrété le 8 mars 1804; promulgué le 18 du même mois.

TITRE X.

Aux mots, décrété le 18 ventôse an 12, promulgué le 28 du même mois, *substituez*, décrété le 9 mars 1804; promulgué le 19 du même mois.

TITRE XI.

Aux mots, décrété le 23 ventôse an 12, promulgué le 3 germinal suivant, *substituez*, décrété le 14 mars 1804; promulgué le 24 du même mois.

TITRE XII.

Aux mots, décrété le 19 ventôse an 12, promulgué le 29 du même mois, *substituez*, décrété le 10 mars 1804; promulgué le 20 du même mois.

TITRE XIII.

Aux mots, décrété le 19 ventôse an 12, promulgué le 29 du même mois, *substituez*, décrété le 10 mars 1804; promulgué le 20 du même mois.

TITRE XIV.

Aux mots, décrété le 24 pluviôse an 12, promulgué le 4 ventôse suivant, *substituez*, décrété le 14 février 1804; promulgué le 24 du même mois.

TITRE XV.

Aux mots, décrété le 29 ventôse an 12, promulgué le 9 germinal suivant, *substituez*, décrété le 20 mars 1804; promulgué le 30 du même mois.

ART. 2045.

Aux mots, du Gouvernement, *substituez*, de l'EMPEREUR.

TITRE XVI.

Aux mots, décrété le 23 pluviôse an 12, promulgué le 3 ventôse suivant, *substituez*, décrété le 13 février 1804; promulgué le 23 du même mois.

TITRE XVII.

Aux mots, décrété le 25 ventôse an 12, promulgué le 5 germinal suivant, *substituez*, décrété le 16 mars 1804; promulgué le 26 du même mois.

TITRE XVIII.

Aux mots, décrété le 28 ventôse an 12, promulgué le 8 germinal suivant, *substituez*, décrété le 19 mars 1804; promulgué le 29 du même mois.

ART. 2121.

Aux mots, de la Nation, *substituez*, de l'Etat.

ART. 2138.

Aux mots, Commissaire du Gouvernement près le, *substituez*, Procureur impérial au.

ART. 2145.

Aux mots, Commissaire du Gouvernement, *substituez*, Procureur impérial.

ART. 2153.

Aux mots, de la Nation, *substituez*, de l'Etat.

ART. 2194.

Aux mots, Commissaire civil près le, *substituez*, Procureur impérial au.

Aux mots, Commissaire du Gouvernement, *substituez*, Procureur impérial.

TITRE XIX.

Aux mots, décrété le 28 ventôse an 12, promulgué le 8 germinal suivant, *substituez*, décrété le 19 mars 1804; promulgué le 29 du même mois.

TITRE XX.

Aux mots, décrété le 24 ventôse an 12, promulgué le 4 germinal suivant, *substituez*, décrété le 15 mars 1804; promulgué le 25 du même mois.

ART. 2227.

Aux mots, la Nation, *substituez*, l'Etat.

ART. 2260 et 2261,

La disposition de l'article 2260 est divisée en deux articles. La première phrase forme seule l'art. 2260. La seconde phrase forme l'art. 2261.

La disposition de l'article 2261 du Code Civil est entièrement supprimée.

A la fin du Code, aux mots, Signé BONA-PARTE, Premier Consul; contresigné, *substituez* ce qui suit:

Signé, NAPOLÉON,

Par l'Empereur.

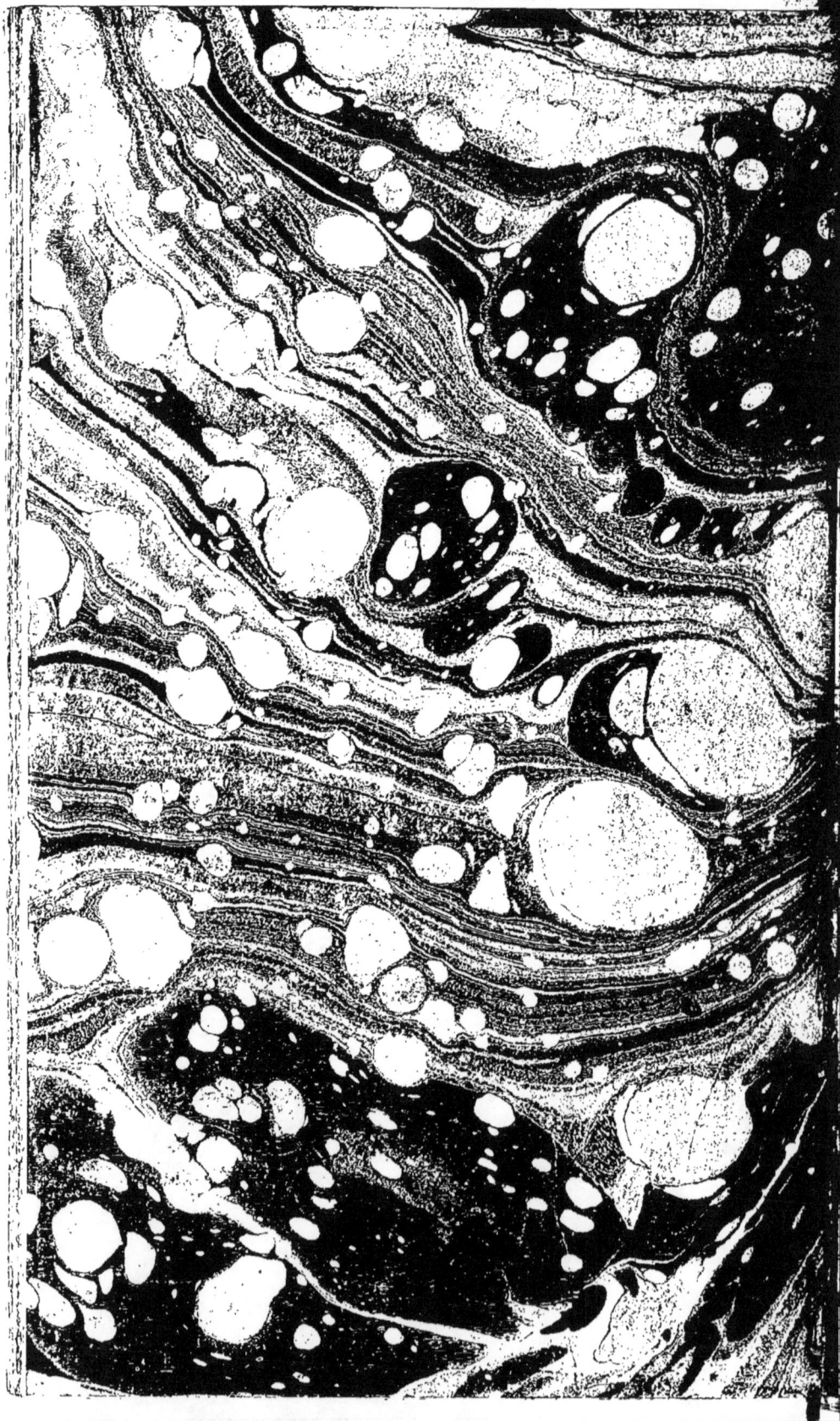